驚異の飛距離が手に入る!

GOLF
ボディスイング

PGAティーチングプロ
藤井 誠 著

辰巳出版

Introduction

自分で研究することを サボらなければ 今よりも上達できる

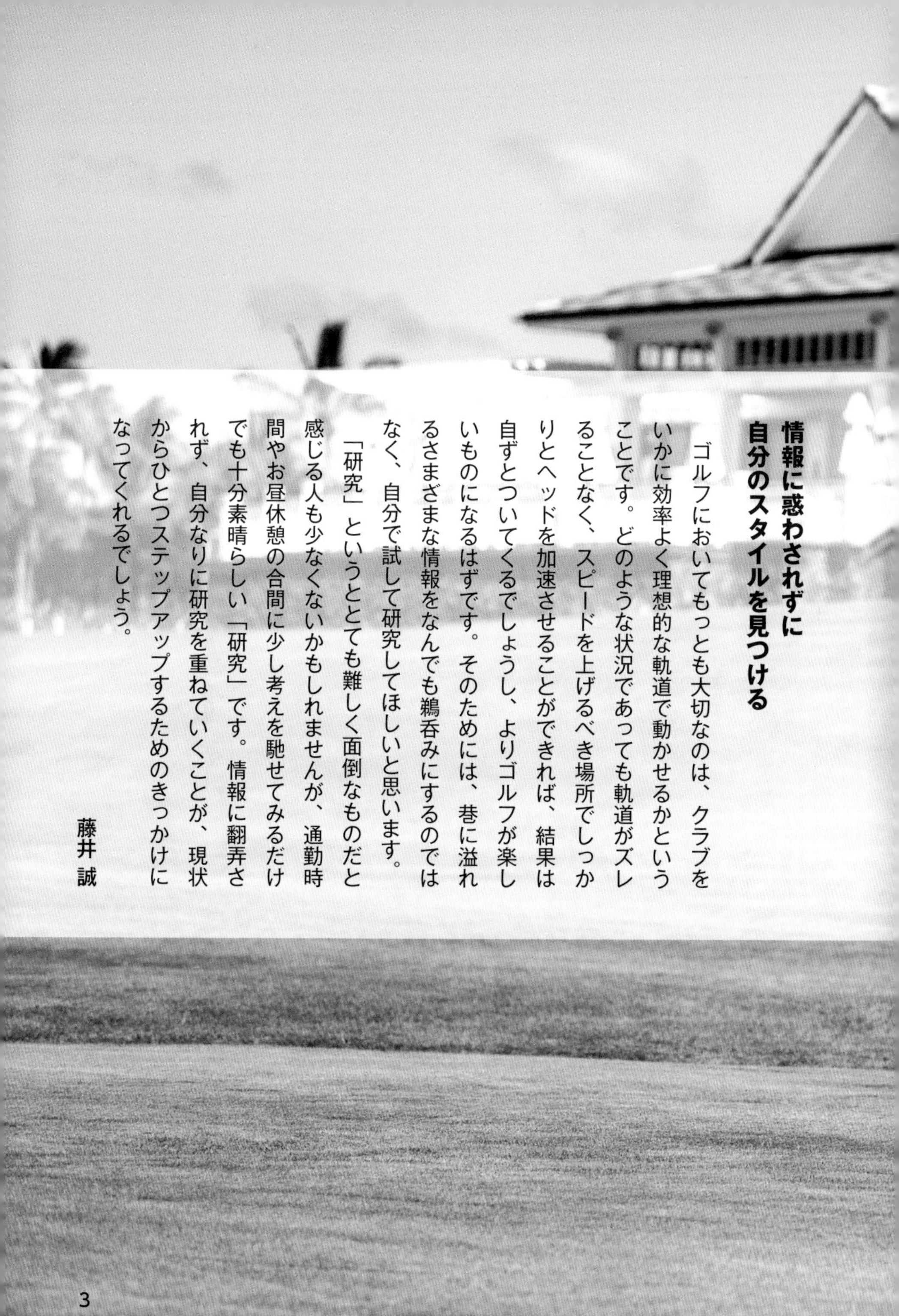

情報に惑わされずに自分のスタイルを見つける

ゴルフにおいてもっとも大切なのは、クラブをいかに効率よく理想的な軌道で動かせるかということです。どのような状況であっても軌道がズレることなく、スピードを上げるべき場所でしっかりとヘッドを加速させることができれば、結果は自ずとついてくるでしょうし、よりゴルフが楽しいものになるはずです。そのためには、巷に溢れるさまざまな情報をなんでも鵜呑みにするのではなく、自分で試して研究してほしいと思います。

「研究」というととても難しく面倒なものだと感じる人も少なくないかもしれませんが、通勤時間やお昼休憩の合間に少し考えを馳せてみるだけでも十分素晴らしい「研究」です。情報に翻弄されず、自分なりに研究を重ねていくことが、現状からひとつステップアップするためのきっかけになってくれるでしょう。

藤井 誠

PART 1 +20ヤード! 飛距離アップの5ポイント ……9

クラブのしなりを活かすためにしなやかさを意識 ……10

シャローアタック
1 緩やかな角度でボールにヘッドがアタックする……12
2 右ヒザを絞り込ませず開いた状態でキープする……14

クラブの軌道
1 切り返しから緩やかにインサイドに下りてくる……16
2 左の骨盤が後ろに動けばヘッドは走る……18

カラダの使い方
1 カラダの大きな骨である骨盤から力を引き出す……20
2 骨盤を8の字に動かし回転力をアップする……22

お尻の力で打つ
腕の力よりもパワフルなお尻の筋肉を使う……24

地面のパワーを生かす
1 下半身を下から上に引っ張るように打つ……26
2 上からクラブを叩くとヘッドは走らない……28

COLUMN #01 バレステロスの美しさに魅了されて……30

飛ばしたいなら「動かす順番」を意識してみよう ……32

PART 2 飛ばせるボディスイングの作り方 ……31

―足の裏を安定させる―
1 足の裏を感じながら重心を落ち着かせる……34
2 指と指の間を広げるのがポイント……36

―右ヒザをキープする―
1 右ヒザの位置が動かなければ飛距離は必ず伸びる……38
2 右ヒザキープでシャフトがしなり戻る……40

―骨盤から始動する―
1 右の骨盤から後ろに引っ張る……42
2 バランスを取るために左ヒザは前に出す……44

―腕や上半身はリラックス―
1 クラブをしならせるカラダのセッティングとは？……46
2 力の入れすぎは飛距離ロスの原因……48

―小さな関節は動かさない―
1 アドレス時の手首の角度はスイング中は動かさない……50
2 左手首の角度を変えずにテイクバックする……52

―肩甲骨の柔軟性―
1 肩甲骨を動かすことが飛ばしのポイント……54
2 肩甲骨を柔軟にするゴルフストレッチ……56

―切り返しでの蹴り―
1 右足を蹴り上げた瞬間に骨盤を左に回転させる……58
2 カラダ全体が上がる蹴りでは力が逃げる……60

—クラブ操作と入射角—
1 ボールを右から見るような形でインパクトする……62
2 ヘッドを鋭角に下ろさず緩やかにインパクト……64
—インパクトはゾーン—
ある程度の幅を持ってインパクトエリアを考える……66
—フォローの方向—
左後方へ高く振り抜きフィニッシュを迎える……68
COLUMN #02 ゴルフにのめり込めるようなアドバイスを……70

PART 3 飛びを実現するスイングの設計図……71

正しいものを模索する時間が上達を引き寄せる……72
—グリップ—
1 左手の小指球とグリップエンドを接続させる……74
2 左手の親指の付け根の凸を右手の平の凹みに合わせる……76
—アドレス—
1 スイングの動きを作るには骨盤の前傾が重要……78
2 肩甲骨から腕をダラリと垂らしてアドレス……80
—テイクバック—
テイクバックではヘッドは最後に動かされる……82
—トップポジション—
トップポジションでエネルギーを蓄える……84

― 切り返し ―
1 蓄えた力を効率良く出し切るのが良い切り返し……86
2 お腹に力を入れた瞬間が正しい切り返しの動きにつながる……88
― ダウンスイング ―
何とかしたくなる場面だが当てようなどとは考えない……90
― インパクト〜フォロー ―
1 ヘッドがイキイキと走ろうとしているのを止めないように……92
2 左サイドを後ろに動かせば自然なフォローになる……94
― フィニッシュ ―
左足のカカトに体重を乗せバランスを整えればＯＫ……96
COLUMN #03 やりたいことを叶えるために進化させる……98

PART 4 飛距離アップのための練習ドリル……99

①シンクロドリル……100
②寸止めドリル……102
③グリップドリル……104
④トントンドリル……106
⑤ゆらゆらスイング……108
⑥スイング止めドリル……110
⑦フィニッシュ回転ドリル……112
⑧5球連続打ち……114
⑨ピンポン球ドリル……116
⑩壁スレスレスイング……118
⑪重いボール打ち……120
⑫スタンドバッグドリル……122
⑬縄跳びスイング……124
著者・協力ゴルフ場紹介……126

QR動画の観方

本書の内容は、藤井誠プロのYouTube動画と連動されています。該当するページにあるQRコードをスマホやタブレットのカメラやバーコードリーダー機能で読み取り、動画を再生してください。

動画をCHECK QRコードを読み取る!

1 カメラを起動

スマホやタブレットのカメラやバーコードリーダーを起動

2 QRコードを読み取るモード

「読み取りカメラ」など、QRコードを読み取れるモードにする。機種によっては、自動で読み取ることもできる

3 画面にQRコードを表示

画面にQRコードを表示させ、画面内におさめる。機種によっては時間のかかるものもある

4 表示されるURLをタップ

表示されたURLをタップすると、藤井誠ゴルフチャンネル(YouTube)内の項目に移動する

シャローアタック1
緩やかな角度でボールにヘッドがアタックする
飛行機のタッチ&ゴーをイメージ!
動画をCHECK
ココ!
12

⚠ 動画を観るときの注意点

❶動画を観るときは別途通信料がかかります。できるだけ、Wi-Fi環境下で視聴することをおすすめします

❷機種ごとの操作方法や設定に関してのご質問には対応しかねます。各メーカーなどにお問い合わせください

PART 1

+20ヤード!
飛距離アップの
5ポイント

クラブのしなりを活かすためにしなやかさを意識

カラダの使い方を知ることが最優先

飛距離をアップさせるためは、ヘッドスピードを上げることが大切です。ヘッドを加速させるために、柔軟性を意識しながら練習をしてみましょう。

クラブを使い切るためにはシャフトのしなりを十分に活かさなければなりません。そのためにはカラダの動かし方もしなやかでなければならないからです。〝カラダが硬い柔らかい〟といった表面的な部分だけでなく、カラダの各関節、腱、靭帯にいたるまでを柔らかく使えるようになることで、ヘッドがスピードを得るスイングを習得できます。

どこで打つのか、どこに当てるのかといったことばかりに意識を向けるのではなく、クラブに仕事をさせるためにはどのようにカラダを使えば良いのかを考えてみましょう。

シャローアタック 1

緩やかな角度でボールにヘッドがアタックする

飛行機のタッチ&ゴーをイメージ！

飛行機が滑走路に降り、そのまま飛び立つようなイメージ。タッチ&ゴーを意識しながらスイングしてみよう

動画をCHECK

緩やかに下ろせば無駄なスピンがかからない

ドライバーのポテンシャルを十分に発揮させるためには、テイクバックで蓄えた力を逃さずにボールに伝えることがポイントです。そこで、切り返した後のヘッドの動きに注目してみましょう。よく右ヒジや左手首を絞り込みながらスイングをしている方がいますが、これではクラブのヘッドが鋭角的にボールへアタックしてしまうのでスピン量が多くなり飛距離は伸びません。無駄なスピンをできるだけおさえるためには、ヘッドを急降下させるのではなく、楕円形を描くように緩やかに振り下ろすことが大切です。

できるだけ楕円形の軌道を描くようにヘッドを振り下ろそう。インパクト後もヘッドスピードが加速しやすくなる

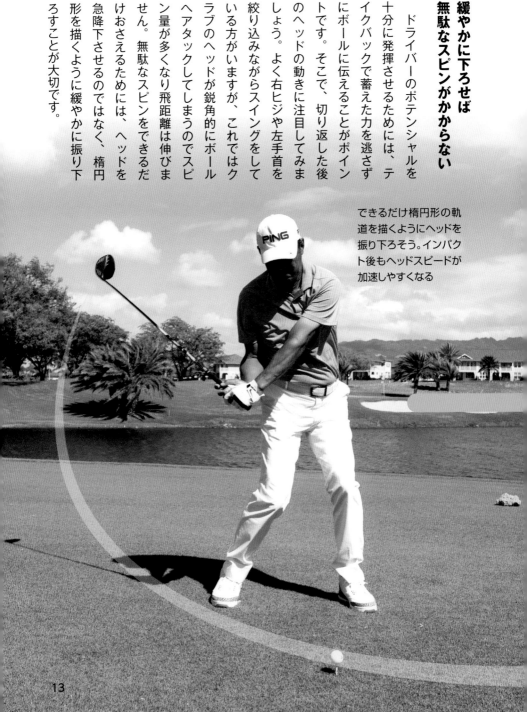

右ヒザを絞り込ませず開いた状態でキープする

OK
右足に体重を残して
スイングするのが正解

右足に体重を乗せたままスイングすることで、ヘッドの軌道も自然と楕円形になり、シャローに下りてくる

NG
右ヒザが絞られ
左に体重が乗りすぎるのはNG

ダウンスイング中に右ヒザを絞って左足に体重が乗りすぎると、クラブが鋭角に振り下ろされてしまいがち

右足でカラダを支えてヒザを絞らない

シャローなスイングを行なうコツは、右ヒザを絞り込まずに、インパクトのギリギリまで右足に体重を残したまま、やや両ヒザの間隔が開いた状態でボールをとらえることです。また、グリップはカラダの軸から少し遠い位置を下ろしてくる意識でスイングをすると良いでしょう。この2つを心がければ鋭角にクラブが下りてくることはありません。

ココがPoint

ギリギリまで
右足に体重を残して、
インパクトする
イメージを持とう

クラブの軌道1

切り返しから緩やかにインサイドに下りてくる

ややインサイドに下ろせばカラダを効率よく使える

振り上げた際の軌道よりもやや内側を通して振り下ろすことが大切。カラダの回転力を余すことなく使える

動画をCHECK

緩やかに上げたら やや内側を通して振る

効率よくクラブを使い切るためには、スイング中にヘッドが理想的な軌道を通っているかを確認すると良いでしょう。

テイクバックでは、ボールを飛ばしたい方向に対して外側に上げるのではなく、緩やかにインサイドに上げます。そして、ここからが大切なポイント。クラブを上げたときと同じ軌道でダウンスイングを行なうのではなく、それよりもややインサイドにクラブを戻すことがコツです。そうすることで、カラダの動きとクラブのヘッドをうまくリンクさせられます。

ココがPoint

テイクバックの軌道をなぞるように下ろすと骨盤を十分に使えない

テイクバックするときは、ボールを飛ばしたい方向に対して外側へ上げないように心がけよう

左の骨盤が後ろに動けば ヘッドは走る

OK

クラブ軌道が正しければ骨盤が後方へ引きつけられる

左の骨盤を後方へ引きつけることで、手先に頼らずとも蓄えた力をボールへ伝えられる

NG

骨盤の引きつけが足りないとヘッドの軌道もブレる

骨盤の引きつけが十分でないと回転不足を起こし、スライスやヒッカケが出やすくなる

左骨盤を後方へ引きつけて カラダを回転させきる

16ページで解説したように、緩やかにインサイドに振り下ろせば、カラダの軸をブラさずに左の骨盤をしっかりと後方へと引きつけることができます。つまり、カラダ全体を十分に回転させられるので、そこで生まれた力をクラブへしっかりと伝えることが可能となり、自ずとヘッドスピードもアップするというわけです。テイクバックをなぞるようにクラブを振り下ろしてもボールをとらえることはできるかもしれませんが、カラダを十二分に使うことができないので、とても非効率なスイングになってしまうのです。

ココがPoint
クラブの動かし方と
カラダの動きがうまく
リンクすればラクに
飛ばせるようになる！

カラダの使い方 1

カラダの大きな骨である骨盤から力を引き出す

右側の骨盤の出っ張りを後ろへ引きつける！

骨盤を前傾させることも忘れない！ 地面に近い位置にあるボールを打つので、前傾がなければスイングできない

動画をCHECK

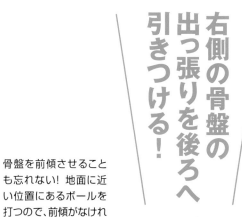

クラブを十分に使うために“骨盤でスイング”する

スイングにおいて「骨盤」はとても大切な役割を担っています。テイクバックするときは、右の骨盤のやや出っ張った部分を後ろへ引きつけるイメージで行ないましょう。お腹、肩、腕、クラブは骨盤の動きに合わせてスムーズに引っ張られていくはずです。ダウンスイングでは骨盤を左へ回転させればOK。骨盤の動きに合わせてクラブのヘッドは戻され、その途中でインパクトを迎えます。カラダの中心にあって、もっとも大きな骨である骨盤の動きによってスイングの良し悪しは決まるといっても過言ではありません。

ココがPoint
骨盤は車におけるエンジン！ エンジンがしっかりと動けば大きな力も生まれやすいぞ

腕や手で振り上げるのではなく、骨盤に引っ張られて腕やクラブが動き出すイメージを持とう

8の丸い部分を
なぞるように
引きつける
2
1

右足カカトに体重を乗せつつ、右骨盤の出っ張りで8の円部分をなぞるように動かす

足裏でしっかりと踏ん張り、両足に均等に体重を乗せてどっしり構える

カラダの使い方2

骨盤を8の字に動かし回転力をアップする

左側の骨盤を後方へ引きつけて
しっかりカラダを回転させきる

左骨盤の出っ張りで8の字を描くように
骨盤を戻してダウンスイング

足の指でカラダを支え奥行きを持って動かす

メリハリをつけて骨盤を動かすことで、カラダの回転力が高まり、ひいては大きなパワーをボールに伝えることができるようになります。慣れるまでは「後ろに引きつけてそのまま戻す」というような単調な動きになりがちなので、抑揚をつけながら8の字を描くように動かすことを心がけましょう。

ココがPoint

骨盤は右から左へ平行に動かすのではなく8の字を描こう

腕の力よりもパワフルな
お尻の筋肉を使う

動画をCHECK

テイクバックをしたらお尻を締めよう。お尻の上部にある筋肉をガチッと固くさせる意識で力を入れる

お尻の筋肉を締めて大きなパワーを作り出す

ヘッドを加速させるためには、カラダの大きな筋肉を効率よく使ってより大きなエネルギーを生み出すことがカギとなります。

テイクバックから切り返しの際に、左右のお尻が真ん中でくっつくように〝ギュッ〟とお尻を締めながらスイングを行ないましょう。効率よくお尻の筋肉を使えるようになるとヘッドがみるみる走りはじめます。

PING

ココがPoint

感覚をつかみづらい人は、SWやPWなど短いクラブを使って練習をしてみよう

力を入れるべきは腕や手じゃない！
お尻だ！

お尻の筋肉を締めてスイングするとヘッドが走る。トッププレイヤーたちのお尻も力が入っているので注目してみよう

地面のパワーを生かす 1

下半身を下から上に引っ張るように打つ

パワー不足に悩むなら大地からエネルギーをいただき！

地面を軽く蹴り上げるようなイメージで引っ張り上げることでエネルギーが伝達されてヘッドが走る

動画をCHECK

下から上へ引っ張ることでより大きな力が生まれる

大きな力を生み出すためには、骨盤やお尻の筋肉をうまく使うことが大切だと解説してきましたが、もっと大きなエネルギーを得るためには、大地からエネルギーを吸い取ってスイングすることがポイントです。下半身を下から上へグッと引っ張り上げながら、そのタイミングでクラブを振り下ろすことでヘッドが加速します。ついつい、振り上げたクラブを上から下へ叩き下ろしたくなりますが、足裏を通して地面からエネルギーを得たら、地面を蹴り上げて伸び上がるようなイメージでスイングしてみましょう。

ココがPoint

ダウンスイング中に働いて欲しいのは足やお尻だからこそ下から上へ動かす意識が大切

足裏でしっかりと大地をつかみ、下半身を上に引っ張るくらいの気持ちで振る

地面のパワーを生かす 2

上からクラブを叩くとヘッドは走らない

思い切り打ち込んでも飛距離が伸びることはない

地面に近い位置にあるボールを打とうとすると、どうしても上から下へ叩き下ろしたくなるものです。しかし、このような打ち方では腕や手首といった上半身の力みにつながりがちです。ゴルフのスイングにおいて力みは大敵です。飛距離も伸びませ

OK

緩やかに下ろせばヘッドは走る！

ヘッドの軌道が緩やかなほどカラダは力まずにヘッドスピードも加速しやすい

んし、コントロールを失ってあらぬ方向へボールが飛んでいきやすくなります。ゴルフは手先でなんとかできない競技です。だからこそ、カラダ全体を使ってクラブを操作しなければなりません。そのためにも〝上から下ではなく、下から上〟へ引っ張るという意識が大切になります。

ココが Point

アイアンショットでも同じことが言える! ヘッドを叩き込んでもミスが増えるだけなんだ

NG

上半身に力を入れて叩いても飛距離は伸びない

力強く上から叩けば飛ぶ! という考えは大きな間違い。力みはブレーキにしかならない

COLUMN

藤井プロのゴルフ人生

#01

バレステロスの美しさに魅了されて

ゴルフをはじめたきっかけは、中学生のときに父親に連れられて、家の近くにあるゴルフ練習場でわけもわからず打ち始めたこと。その後も練習場で球拾いをやったりと「なんとなく」ゴルフとの触れ合いやつながりはあったもののどっぷりとハマっているわけではなかった。

ところが1986年。たまたまジャック・ニクラウスが優勝したマスターズをテレビで見たのだけれど……。そのときのセベ・バレステロスのプレー！ 弾道はもちろん、あのカラダの動き、あの表情、あのゲーム、あの音、そのすべての美しさに目を奪われた。「コレだ!!」と感じて、そこから一気にゴルフにのめり込んだ。もちろんグレッグ・ノーマンもジャック・ニクラウスもカッコ良かったけれど、あのバレステロスの骨格としなやかさが僕を魅了した。あの瞬間があったから今があるんだと感じている。

PART 2

飛ばせるボディスイングの作り方

飛ばしたいなら「動かす順番」を意識してみよう

足の裏と骨盤から動かしはじめる

スイングにおいて「動かす順番」を間違ってしまうと、セットアップからフィニッシュまでのつながりが乱れてしまい、目指すべき形でクラブを振ることができません。どこから動かせば良いのか、その答えは足の裏です。足の裏から動かしはじめ、次に骨盤が動き出し、その後体幹の動きを追いかけるように腕や手が動きます。最後にクラブ（ヘッド）が動きはじめるのが理想です。ところが、アマチュアの多くは手や腕といった小さな筋肉や関節から動かしはじめようとしている傾向にあります。これではスイングがひとつの動きとして成り立ちません。自分のスイングはどこから動きはじめているのか、一度チェックしてみましょう。

足の裏を感じながら重心を落ち着かせる

足の裏で大地をしっかりと踏みしめる

理想的なスイングをするうえで、カラダがフラフラしていては問題です。そこでアドレスするときは「足の裏」から作っていくことを意識しましょう。足の指でしっかり大地をつかみ、足裏を気持ちよく落ち着かせてからボールとクラブの距離を調整すると下半身が安定します。

動画をCHECK

安定感は「足の裏」から。足の指に意識を集中

足の裏や足の指を意識的に働かせるだけでもカラダが安定しスイングが崩れにくくなる

足の裏に仕事をさせれば重心もどっしり落ち着きジタバタしない！

ココがPoint

スイングの
キモとなる骨盤を
支えているのも足の指。
パワーの源は
足裏にあり!

足の裏を安定させる 2

指と指の間を広げるのがポイント

OK 土台が安定すれば確実に飛ばせる

足の小指をやや外側に向けて足裏全体で大地を踏みしめることで安定した土台を作ることができる

指と指の間を広げると足裏の感覚がつかみやすい

下半身や骨盤を支えている足の裏を使うことで、骨盤がスムーズに動き体幹もブレません。どのように意識すれば良いのか分からないという人は、アドレスをとった際に足の小指をやや外側に向けて、指と指の間を広げてみましょう。足裏の感覚もつかみやすく、かつ、土台となる下半身もしっかりと安定します。

ココがPoint

プロのスイングが乱れないのも足裏でカラダ全体をコントロールしているからだ

NG 足裏が仕事をしないと土台も崩れてしまう

足裏が使えないとカラダの軸がブレやすくなる。インパクトで右ヒザの位置がズレたりとミスの原因になりかねない

右ヒザをキープする 1

右ヒザの位置が動かなければ飛距離は必ず伸びる

あなたの右ヒザはしっかり固定できていますか？

クラブを振り上げるとき上半身の動きにつられてカカトが浮くとヒザの位置もズレやすいので注意しよう

動画をCHECK

右ヒザの位置がズレると ヘッドを加速できない

テイクバックをしたときに右ヒザの位置が動いてしまうと、それにともなってカラダの軸もブレてしまい、下半身をしっかりと回転させられないため捻転が中途半端になり、結果的にエネルギーを効率良くヘッドへ伝えることができません。アドレスをとったときはヒザの位置をしっかり固定できているという人でも、テイクバックで骨盤を後方へ引きつける動きにつられて一緒に右ヒザが動いてしまっていないかチェックしてみましょう。足裏に力を入れてカカトが浮き上がらないようにしっかりと踏ん張ることがポイントです。

NG 右ヒザが内側に入ると バランスを保てない

グラグラすれば ヘッドの軌道も 乱れる…
PING

両足のヒザがくっつくほど右ヒザが内側に入るとスイング中にフラついてしまいスイングも崩れやすい

右ヒザの位置をキープすることでシャフトがしっかりとしなり戻りヘッドが走る

左側の骨盤を後方へ引っ張るイメージでフォロー。カラダの軸がブレないように

右ヒザをキープする 2

右ヒザキープでシャフトがしなり戻る

1
2
ヘッドを
加速させたいなら
ギリギリまで右ヒザは
動かさない！

1 ヒザの位置に注意しながら右側の骨盤をしっかりと後方に引きつけてテイクバック

2 カカトが浮いたりヒザの位置がズレないように注意しながらダウンスイング

右ヒザが動くとシャフトの能力を活かせない

テイクバックで蓄えた力がヘッドに伝わるのは、シャフトがしなり戻る瞬間です。しかし、右ヒザの位置がスイングに合わせて動いてしまうとしなり戻りのポイントが失われてしまいます。理想的なタイミングでしなり戻りを生じさせてあげるためにも、右ヒザの位置をできるだけキープしておくことが大切なのです。

ココがPoint

シャフトはしならせてこそ力を発揮する。右ヒザのキープがしなり戻りのカギだ

右の骨盤から後ろに引っ張る

骨盤から動かしはじめれば手先を使いすぎない

アドレスをとった後、どこから動かしはじめれば良いと思いますか？ 答えは「骨盤」です。ヘッドから動かそうとすると手先を使いすぎてしまうことになります。カラダの中心にある骨盤の動きが起点となり、腕やクラブはそれに引っ張られるイメージでテイクバックをはじめると良いでしょう。

動画をCHECK

NG 骨盤の引きつけが十分でない

骨盤を動かしているつもりにならないためにも、自分が思っているよりもさらに後方へ引きつける意識を持とう

骨盤の出っ張りを後ろから引っ張られるようなイメージで動かしてみよう

骨盤から始動することで、手先が余計な動きをせずヘッドをスムーズに理想的な軌道へ乗せられる

バランスを取るために左ヒザは前に出す

右ヒザの位置は動かさずに、右骨盤を後方へ引きつける

足裏で大地をつかんで下半身を安定させたら、右側の骨盤の出っ張りを後方へ引きつけはじめる

左ヒザはアドレス時よりも前に出してバランスを取ろう

左ヒザを前に出してバランスを取る

骨盤から動かすことに意識を集中しすぎると、骨盤の動きに合わせて右ヒザが外側へ向いてしまうことがあります。右ヒザの位置はしっかりと固定し、骨盤だけを後方へ引きつける意識で上体(肋骨)を回転させましょう。このとき、左ヒザをやや前に出すとバランスが取りやすくなりフラつくことがなくなります。

ココがPoint

テイクバックは右骨盤を引っ張ることからはじまる! これだけは覚えておこう

右ヒザの位置は動かさずに、8の字の半円をなぞるように骨盤だけを後方へ。左ヒザは前に出てOK

腕や上半身はリラックス 1

クラブをしならせるカラダのセッティングとは？

両腕は柳の枝のように。しなりを活かしやすくなる！

シャフトのしなりを効率良くスイングに活用するためには、上半身に余計な力を入れないことが大切です。アドレスをとる前に〝柳の枝〟が垂れているようなイメージで肩から腕をダラリとさせて上半身の力を「スー」っと抜き、そのままのイメージでアドレスを取ってみると良いでしょう。

下半身はどっしりと安定させながら、上半身は力が抜けている状態がベスト

動画をCHECK

「肩甲骨から腕が伸びている」ようなイメージを持つことも効果的だ

アドレスを取る前にまずは両腕をダラリ。肩や腕の力を抜いてリラックス

クラブのヘッドまでが柳の枝になったようなイメージで力まずセッティング

腕や上半身はリラックス 2

力の入れすぎは飛距離ロスの原因

力を
目いっぱい入れて
打ってやる!!
NG
力を入れれば
入れるほど、スイングが
乱れる原因に……
PING

腕に力が入るとトップで右ワキが開いてしまったり、ムチのようにしなやかにボールを打てない

力感＝飛距離ではない。クラブを強く握るほど手打ちの原因に

もっと遠くまで飛ばしたい！と意気込むほど、つい手元に力が入ってしまいがちです。しかし強い力でボールを打てば飛距離が伸びるかといえば、決してそうではありません。むしろグリップを握る手に余計な力が入ってしまい手打ちになってしまいます。当然、飛距離を伸ばすことはできません。〝強く当てよう〟という意識は今すぐ手放してしまいましょう。

右手は大人しく！
大事なのは
下半身

ココがPoint

「力強いスイング
＝腕に力を入れて
打つスイング」
ではないことを
意識しよう

OK

右手の前腕には力を入れず左手をサポートする

右腕の前腕が力むと手打ちになりやすい。主役である左手のサポート役だと考えると良い

小さな関節は動かさない 1

アドレス時の手首の角度はスイング中は動かさない

ダウンスイング中も手首の角度をキープしよう。ここでズレるとフェースの向きも狂いがち

動画をCHECK

左手首が動くとフェースが開閉しやすい

スイング中は、「小さな関節」をあまり動かさないようにしましょう。アドレスでできたグリップの形をできるだけ動かさずにクラブを振る方が、ショットの精度を高めることができます。とくに左手首の角度が変わってしまうとクラブのヘッドが右を向いたり、左を向いたりしてしまい、ボールが当たった後にど

左手首の角度をチェック。手首が動くとフェースもブレる！

グリップの力配分は右手に50%、左手に50%。どちらかに偏ると手首が動きやすい

アドレスでできた手首の角度を維持しながらテイクバック。前腕に力が入らないように注意

こへ飛んでいくか分からないという状態に陥りやすくなります。テイクバックをした際の左手の角度は、アドレスをとったときと同じ角度になることを目指しましょう。また、前腕に力が入ると手首が動きやすくなります。左右の手に50%ずつ均等に力を入れてダウンスイングすることを心がけましょう。

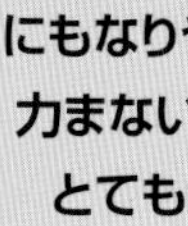

ココがPoint

前腕に力が入ると手首が動き、かつ手打ちにもなりやすい。力まないことがとても大切!

アドレスでできた左手首の角度を維持したまま始動

左手首の角度を変えずにテイクバックすることでスムーズにヘッドを正しい軌道に乗せられる

小さな関節は動かさない 2

左手首の角度を変えずにテイクバックする

手首の角度が変わったり左ワキが開かないように注意

テイクバックの始動時に手首が返ってしまったり、左ワキが開くとクラブが無駄な動きをしてしまう

左手首の角度を維持すればヘッドの軌道がキマる

テイクバックをするときは、左手首の角度を維持するとともに、アドレス時にできたベルトとグリップエンドの距離を変えないように心がけましょう。手首が返ってしまったりグリップエンドの向きがベルトの延長線上から外れてしまうと、ヘッドも理想的な軌道から外れてしまい正確にインパクトできないからです。

ココがPoint

左手首の角度とベルトとグリップエンドの距離感、この2つを維持できれば飛距離アップ間違いなし!

肩甲骨を動かすことが飛ばしのポイント

肩甲骨を動かせばダイナミックなスイングができる

右の肩甲骨を背骨（背中の中心）に引き寄せるイメージでクラブを操作すると無理なくスムーズにテイクバックできる

動画をCHECK

肩甲骨を動かして腕を長く使えば飛距離が伸びる

肩甲骨を動かすことで可動域が広がり、「腕を長く」使うことができます。シャフトの長いドライバーがもっとも飛距離を出せるのと同様の論理で、腕を長く使えばボールをより遠くまで運ぶことが可能になります。普段から肩まわりのストレッチなどを行ない、肩甲骨の可動域を広げる訓練をしておくと良いでしょう。

ココがPoint

肩甲骨は想像しているよりもずっと広範囲に動く。いつでも十分に動かせる状態をつくっておきたいよね

トップからダウンスイングにかけては、左の肩甲骨がクラブと腕を引っ張るイメージを持つと伸び伸びと振り抜ける

肩甲骨の柔軟性 2

肩甲骨を柔軟にするゴルフストレッチ

肩すくめ

両足を肩幅に広げて立ち、クラブの両端をそれぞれの手で握って頭の上へ持ち上げる

ヒジを伸ばしてクラブを持ち上げたまま、両耳を肩にくっつけるように肩甲骨を上下に動かす

ココがPoint

肩甲骨の可動域を広げる以外にも、ラウンド前後に行なえば疲労回復やケガ予防の効果も期待できるぞ

肩の上げ下げ

クラブが背中側に来るように両手を下げながら、左右の肩甲骨をカラダの中心へ近づける

両足を肩幅に広げて立ち、クラブの両端を左右それぞれの手で掴み頭の上へ持ち上げる

クラブを使って肩の上げ下げ

両腕には力を入れず、ヒジでクラブを持ち上げるような意識で肩甲骨を上下に動かす

やや腰を前傾させて立ち、背中にクラブを当ててシャフトに両手をかける

切り返しでの蹴り 1

右足を蹴り上げた瞬間に骨盤を左に回転させる

右足の小さな蹴りが骨盤を左回転させるエネルギーになる

トッププレイヤーたちもインパクトの少し前に右のカカトが上がっている。これは右足で地面を蹴っているからだといえる

動画をCHECK

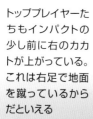

切り返し時の蹴りが骨盤の回転に直結する

切り返しのタイミングに右足で地面を蹴ることで骨盤が左へ回転しはじめ、テイクバックで蓄えた力をヘッドに効率よく伝えることができます。右足のつま先を地面につけて、大腿四頭筋を上へ持ち上げるイメージで蹴り上げましょう。

ココが Point

右足の蹴りはスイングにおいて重要な要素。ボールを飛ばしたい方向に蹴るのではないことを理解しよう

つま先で踏ん張りながら
太ももをやや上に上げる
蹴り上げた瞬間に骨盤が回転
パワーをヘッドに十分伝えられる

地面を蹴ると言われると「ターゲットに向かって蹴る」をイメージしがちだが、スイングの中心軸がズレてしまうような蹴りではなく、骨盤を回転させるための蹴りだということを再確認しよう

蹴り上げた力を
骨盤の回転力へつなげる

骨盤を左に回転させるエネルギーに活用することができれば、カラダの軸もブレずヘッドが加速する

切り返しでの蹴り2

カラダ全体が上がる蹴りでは力が逃げる

NG
前方向に蹴ると
カラダが左へ
流れてしまう
せっかく
溜めたパワーが
逃げる〜

右から左への蹴りはカラダが流れてしまう原因になる。これではせっかく蓄えた力を逃してしまう

骨盤を動かすために右足で地面を蹴る

右足で前方向（クラブの進む方向）に蹴ってしまうとヘッドは加速しません。とくに初心者は右足に溜めた力を左方向へぶつけるというイメージを持ちがちですが、蹴り上げる力は骨盤の左回転に直結させなければなりません。カラダ全体が浮き上がったり、左へ流れるような蹴りにならないように注意しましょう。

ココがPoint

蹴る「理由」が理解できれば蹴る方向を間違うことはない。骨盤を動かすためなんだよね

クラブ操作と入射角 1

ボールを右から見るような形でインパクトする

手先を動かさずカラダの回転に任せる！

ボールよりもカラダの中心軸はやや右にあるので、インパクトでもボールを少し右から見る意識を持つとバランスが崩れにくい

動画をCHECK

中心軸を動かさなければ シャローにスイングできる

インパクトするときは、カラダの中心軸を動かさずにボールをやや右側から見るような姿勢でスイングしましょう。また、手先で操作しようとせず骨盤の回転に任せることもポイント。このような意識を持つと、鋭角にクラブが振り下ろされるのを避けることができ、理想的な入射角が得られます。

ココがPoint

クラブのしなり戻りを活かすためにも、ダウンスイングのカラダの動きはより丁寧に作っていこう

ココで焦ったらダメ！右ヒザとカラダの軸をキープしよう

ヘッドが楕円形の軌道を描くように緩やかにダウンスイングしよう。インパクトギリギリまで右足に体重を残してヘッドの上がり際でインパクトできればOK

クラブ操作と入射角 2

ヘッドを鋭角に下ろさず緩やかにインパクト

NG 前腕に力が入りすぎると鋭角に振り下ろされてしまう

前腕と
手首がガチガチ！
力を入れても
飛ばないのに…
PING

手首を真下に引きつけるように鋭角に振り下ろすとしなり戻りを活かせない。さらにインパクト時に手元でフェースをコントロールしようとするとミスショットの原因に

緩やかに下ろせば ヘッドが無駄な動きをしない

ヘッドを緩やかに下ろすことができれば、クラブがしっかりとしなり、しなり戻ったタイミングでインパクトできます。鋭角に叩き込まないためには、前腕を使いすぎてしまったり、無意識にカラダの軸がズレないように注意しましょう。シャローな入射角を得られないとスピン量が増え、飛距離は伸びません。

ココがPoint

シャロースイングはカラダへの負担も少ない。中高年層でも飛ばせるコツはこの入射角にあるんだ

ある程度の幅を持って インパクトエリアを考える

点ではなくゾーンで考えれば スイングが小さくならない

誰しも「当てなきゃ!」と考えるとスイングは縮こまってしまいます。そこでインパクトは、点ではなくゾーンで考えてみましょう。ボールの手前30㎝から後ろ30㎝のエリアにトンネルがあり、そこにヘッドを通過させるイメージでスイングすると、クラブもメンタルも上手にコントロールできるはずです。

ボールの前後に バウムクーヘンの 切れ端があると 考えてみよう

当てようという意識にとらわれがちな人は、「ボールの前後にバウムクーヘンがカットされたような、やや湾曲した筒状のトンネルがある」と考えてみよう。ここをヘッドが通過すればボールは必ず飛ぶ!

動画をCHECK

ココがPoint
最近のクラブは
とても優秀。カラダの
軸をズラさなければ、
間違いなくインパクト
できる
幅を持って
考えれば
空振りを怖がる
ことも減るね
ヘッドが
トンネルの中を
通過するイメージで
スイングしてみて
PING

フォローの方向

左後方へ高く振り抜き フィニッシュを迎える

動画をCHECK

インパクト後のカラダは左後方へ回転させる

ボールをとらえた後は、できる限りヘッドの滑走路を長くとってあげることでヘッドが加速しコントロールも安定します。そこで、インパクト後はカラダ全体を左後方へ動かすイメージで振り抜きましょう。左側へ引っ張るのではなく、左後ろへ高く振り抜くことで理想的なフィニッシュの形へつなげやすくもなります。

真上ではなく左後ろへ！
コレでは右手も余計な操作をしがち…

OK

自分のカラダよりも左後ろへ振り抜く

ヘッドの軌道を長く確保することで十分にパワーが伝わりフィニッシュの形にもスッとおさまる

NG

軸がブレるとフォローの形が作れない

腕を左に伸ばそうとするほどカラダの軸がブレてバランスを崩しやすい。もちろんヘッドも加速しない

COLUMN

藤井プロの指導論

#02

ゴルフにのめり込めるようなアドバイスを

僕が指導をする上で大事にしているのは、自分が試したり研究をするなかで見つけたものを伝えるということ。そして、「こうしましょう。はい、できていますね。さようなら」といった一方通行の指導ではなくて、その指導の根幹を、指導される側に明確に気づいてもらえるようなアドバイスをすることを心がけている。何事もうまくなる人というのは、気づきがあって納得して、そこから先は自らで成長させられる人だと思うからだ。

そして、ゴルフをやりたいと思っている人がどんどんのめり込んでいけるようなアドバイスをすることもティーチングプロの役目だと考える。その人のスイングをみて細かく修正をしたり、こちらの技術を押しつけたりするのではなく、その人が「なりたいものになるためにはどうしたら良いのか」をアドバイスしてあげることこそが、理想的な指導の形なのではないだろうか。

PART 3

飛びを実現するスイングの設計図

正しいものを模索する時間が上達を引き寄せる

先人たちのアドバイスを咀嚼して研究する

アドレスやグリップは、良いスイングをしてより遠くまでボールを運ぶための〝先人たちからのアドバイスのかたまり〟だといえます。そう考えれば、これらの基礎がいかに重要なことなのかが分かるはずです。

ゴルフはぎこちないものがしなやかに変わっていくその過程こそが大切です。そのためには、セットアップやグリップといった基本はしっかりと身につけておかなければなりません。また、ここで紹介しているポイントは、先人たちのアドバイスを咀嚼したものですから「絶対にこの形でやりなさい」というものではありません。先人たちのアイディアを踏まえたうえで、それぞれが咀嚼し研究して自分にあったものをつかむことがやはり大事だといえます。

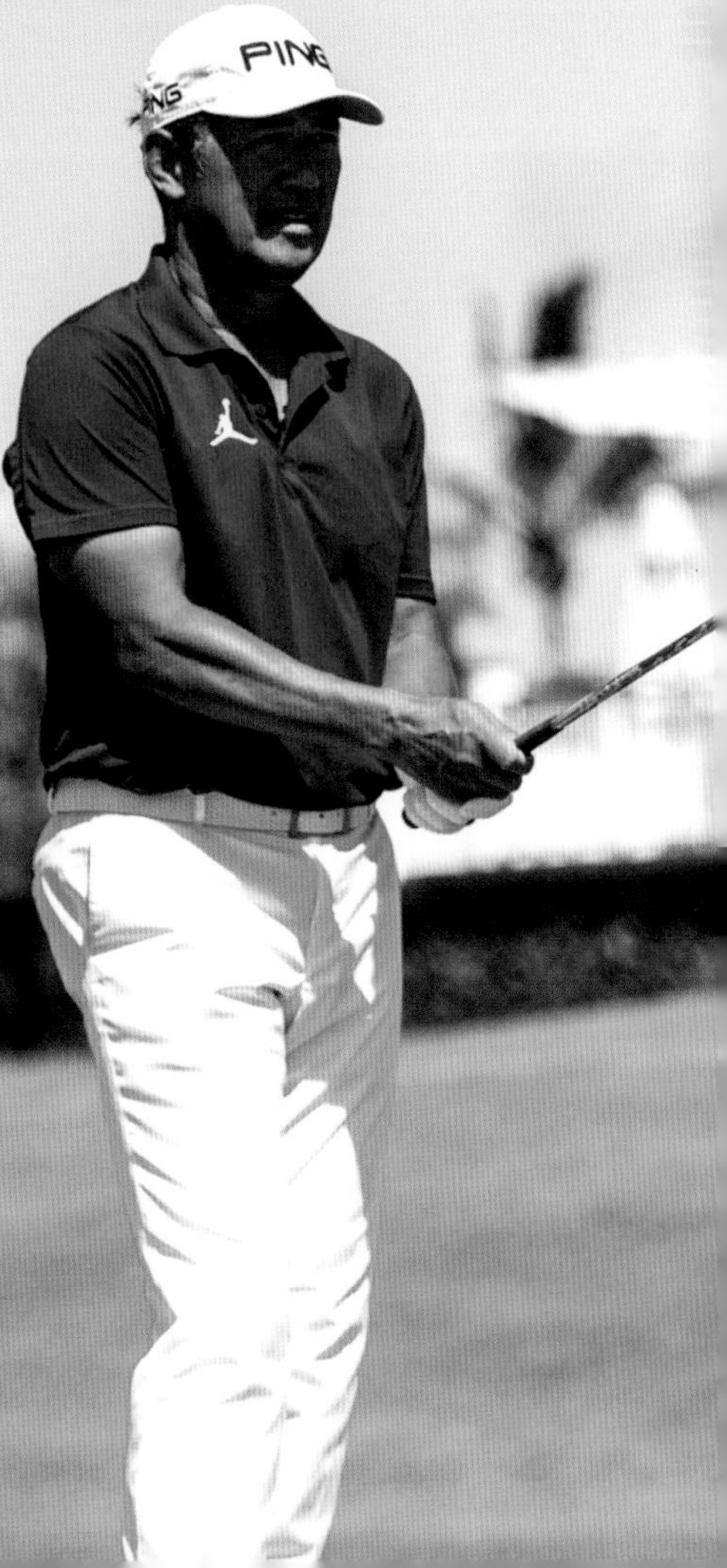

グリップ 1

左手の小指球とグリップエンドを接続させる

カラダとクラブをつなぐのは
左手の小指球！

動画をCHECK

小指球と人差し指で バランスを安定させる

クラブをうまく使うためには、カラダとクラブの接続点であるグリップが大切です。グリップは自分に合ったものを選択できることがベストですが、基本だけはあらかじめおさえておきましょう。左手のグリップにおけるポイントは、手の平の小指側の〝ぷにぷに〟とした肉厚の部分（小指球）とグリップエンドを接続させることです。小指球をクラブの真上に合わせるように乗せてから、人差し指を引っ掛けてバランスをとりましょう。クラブの性能を感じとり、腕の力に頼らない安定したスイングが可能となります。

クラブの真上に 小指球を合わせる

小指球のぷにぷにとした肉をクラブの真上に乗せるように握る。下からグリップすると小指球がグリップエンドと密着しないので注意

人差し指と中指の間に やや隙間を開けて握る

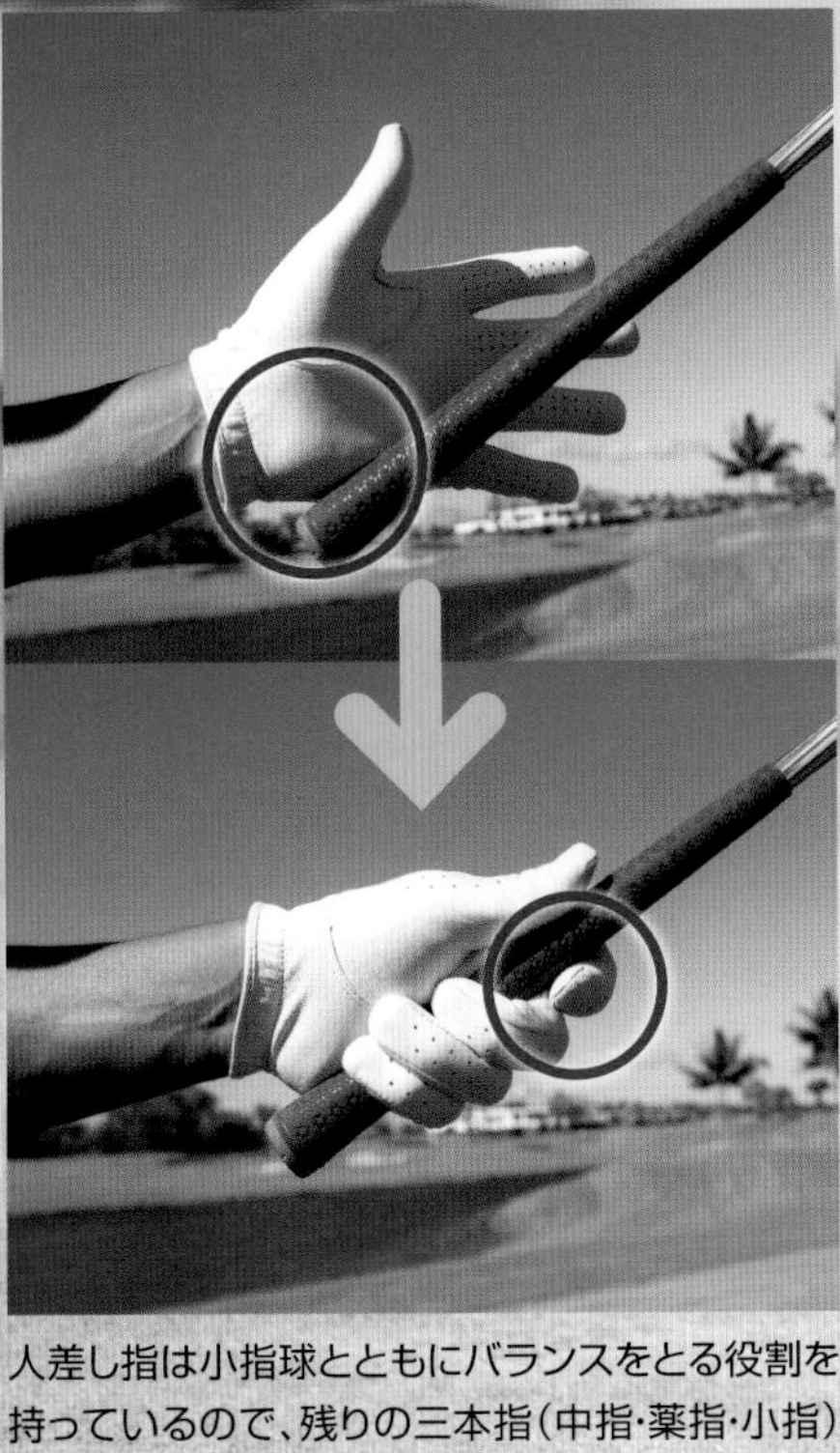

人差し指は小指球とともにバランスをとる役割を持っているので、残りの三本指（中指・薬指・小指）との隙間をやや開けて握ると良い

左手の親指の付け根の凸を右手の平の凹みに合わせる

クラブを十分に使い切るための基本グリップ

クラブの一番真上に左手の小指球をしっかりと乗せて、左手とグリップを接続させる

小指、中指、薬指はバランスを維持するサポート役としてラクに握る

中指とやや隙間を開けて人差し指をかけ、親指を自然におさめて左手は完成

中指と薬指が地面と平行になるように、右手の手首を返す

左右の手の凸凹を合わせることで安定する

右手のグリップの要になるのは、中指と薬指です。第一関節と第二関節で2つの90度を作り、鉤形にしてクラブの真裏に合わせましょう。

さらに、左手の親指の付け根の出っ張りからツメまでの山なり部分と、右手の手の平の凹み（生命線がある部分）をピタリと合わせることで、より安定感が増します。

中指と薬指の第一関節と第二関節を鉤形にして、左手の人差し指にピタリと合わせる

小指は左の人差し指と中指の間のギャップに置くか、人差し指にからめる

左手の親指の付け根のふくらみと右手の生命線がある凹んだ部分をうまく合わせる

右手の親指の根本を"口を閉じる"ようにして人差し指の付け根と合わせる

ココがPoint

小指球、右手の中指と薬指、右手の親指。この3つはどの種類の握り方であっても実践してほしいポイントだ

アドレス1

スイングの動きを作るには骨盤の前傾が重要

前傾させて下半身の力を総動員させよう!

動画をCHECK

OK

骨盤を前傾させてどっしりと構える

カラダの中心にある骨盤が安定すると下半身全体の筋肉が働きやすくなり、上半身と下半身をつなぐ背骨の軸も強固にできる

NG

腰が曲がったり目線が下がらないように注意

骨盤が後傾して後ろ体重になっていると、スイング中にバランスを崩しやすくクラブにもエネルギーを伝えられない

腰が曲がっている状態ではカラダを十分に回転できない。また上下動も起きやすいのでミスショットが出やすい

どのクラブを使う場合でも骨盤の前傾は必要不可欠

良いスイングを作るためには、その前の段階である「アドレス」もおろそかにはできません。もちろんクラブごとに長さやライ角が異なるのでそれぞれアドレスの形は少しずつ変わりますが、どのクラブを使うときであっても共通して心がけてほしいのが、骨盤の前傾です。骨盤の角度をある程度前傾させることで、スイング中にカラダ全体を使い切れるようになり、足の裏からのエネルギーを十分にクラブに伝えることができるようになります。

アドレス2

肩甲骨から腕をダラリと垂らしてアドレス

腕をカラダの前でブラブラ〜自然な形のまま握ろう

両腕をカラダの前でブラブラ力みなくクラブを握る

骨盤を前傾させることで、頭の位置がもともとあった場所からやや前方へ移動します。それと同時に、腕や手の位置もカラダから離れるはずです。その位置で力を入れずにカラダの前でブラブラとさせてからグリップしてみましょう。肩甲骨から肩にかけてタオルがかかっているようなイメージで両腕をダラりと伸ばし、リラックスした状態のままクラブを握ることで上半身の余計な力みを排除できます。

結果的に、骨盤の動きに合わせて上半身を効率よくスムーズに回転することが可能になるのです。

ヘッドに力を伝えやすい
PING

OK

両足にバランスよく体重を乗せて立つ

体重の配分は左右の足に5対5、もしくはやや右にのせる6対4がベター。足裏で大地をしっかり踏みしめよう

フラフラで安定しない
PING

NG

どちらか片足に偏るとクラブを使えない

左右いずれかの足に極端に体重が偏るとスイングでもバランスを崩しやすく、クラブをうまく操作できない

テイクバック

テイクバックではヘッドは最後に動かされる

"ヘッドから動かす意識"はミスショットの原因に！

右の骨盤から動かしはじめることでグリップエンドとカラダの距離感が維持できる。スイング中にクラブの軌道が安定しやすい

動画をCHECK

骨盤の回転を追いかけて ヘッドが動きはじめる

テイクバックはカラダの中心から作られるべきものだと考えましょう。一見、骨盤、腕、クラブ、すべてのパーツが同時に動き出しているように見えますが実はそうではありません。はじめにカラダの中心部分である骨盤が動きはじめ、最後にクラブのヘッドが動きます。これは、ヘッドから始動させるとカラダとグリップエンドの位置関係がはじめに壊れてしまうからです。離れてしまったものがスイングの途中で再度つながることはありません。そうなると、不安定なままインパクトを迎え、ミスショットを起こしやすいのです。

PING
ヘッドの軌道が定まれば安心して振り抜ける

腰の高さにヘッドが来るぐらいまでは、グリップエンドとカラダがつながっているイメージを持ちながらスイングしよう

トップポジションでエネルギーを蓄える

動画をCHECK

骨盤をしっかりと回転させて左の肩甲骨を正面に持ってくる

トップポジションではインパクトに向かうまでに必要なエネルギーを蓄える必要があります。ここで十分な力を溜めることができたか否かが、インパクト後のボールの動きに反映されるのです。ここで大切になるのはクラブの高さやヘッドの位置ではありません。ポイントは、自分の正面に立っている人が目視できるぐらいまで左の肩甲骨を引きつけられているかです。右骨盤をしっかりと後方へ引っ張り、上体（肋骨）を回転させ、左の肩甲骨を正面まで動かすことができれば、十分にエネルギーは蓄えられたといえます。クラブの位置や角度でトップの良し悪しを見極めるのではなく、カラダ本体の動き方や形を意識しながらトップポジションを作っていきましょう。

ココがPoint

上半身の回転が中途半端だと、手元だけが上がった意味のないトップに…。足まわりは固定して骨盤からカラダを回転させよう

左肩甲骨の位置に注目！
ココまで引っ張れば合格点

トップポジションは止まっているように見えても実際はそうではない。トップはエネルギーをしっかり蓄えながら、次の動きにスムーズに移行できるように準備している

蓄えた力を効率良く出し切るのが良い切り返し

切り返し直後のカラダの動かし方

トップで蓄えた力を出し切るためには、切り返しでグリップに力を入れない
腕や手首が力まないように注意しながらカラダの中心（体幹）から動かしはじめる
腹筋、肩、ヒジ、手首、クラブの順番に力の波が広がっていくイメージで回転する

動画をCHECK

エネルギーを逃さないために体幹から動かしはじめる

切り返しは、トップで蓄えた力を出し切るために逆回転がはじまる起点となります。この切り返しがどんなものか理解できているか否かで、技術レベルに差がでるといっても過言ではないぐらい、切り返しはスイングにおいてとても重要な要素です。切り返しとは、簡単にいえば大人しい動きから激しい動きに切り替わる瞬間です。そのため、手先から動かそうとするほど理想からほど遠いものになってしまいます。体幹から動かしはじめ、腹筋、大腿四頭筋、お尻、骨盤まわりの筋肉群が動きだすことでダイナミックな形を作りあげます。

腕に頼ったらダメ！骨盤の軸を動かさないように

切り返しでバランスを崩してしまう人は、手先から動かそうとしていたり上半身の筋肉に余計な力が入っていることが多い。力まずカラダの中心から動かそう

切り返し2

お腹に力を入れた瞬間が正しい切り返しの動きにつながる

OK

ワッ！ と驚く瞬間に腹筋に力が入る

棒を避けようとお腹に力を入れて背中が丸まるとグリップの位置もスムーズに下がる

NG 棒がお腹に刺されば正しい軌道に乗らない

腹筋がサボり手先で操作しようとすると棒が刺さる。理想的な軌道にヘッドを乗せられない

棒を避ける瞬間が切り返し始動の合図

切り返しがはじまるタイミングがうまくつかめないという人は「突然正面からお腹を棒で突かれた状況」をイメージしてみましょう。とっさに避けようとしたとき、腕や肩は十分に力が抜けた状態ですが、お腹にグッと力が入り背中が丸まって自然とグリップの位置が下がるはずです。この瞬間こそが正しい切り返しの始動のタイミングだといえます。

ダウンスイング

何とかしたくなる場面だが当てようなどとは考えない

アレコレ考えたり操作しない。シャフトにお任せ！

ダウンスイングからインパクトにかけては、あれこれ考えず〝放っておく〟ぐらいの、心持ちでいることをおすすめします。というのも、正しいセッティング、正しいカラダの動かし方、ダイナミックな切り返しができていれば、あとは自ずとクラブのシャフトが働いてくれるからです。

何か操作をしてうまくボールに当ててやろうと考えれば考えるほど、シャフトが本来の力を発揮するタイミングを失ってしまうものです。インパクト前のこのタイミングは、誰しもが何かをしたくなる場面ではあります。ですが、ここではぐっとこらえて余計なことはしない、そうすることでシャフトがイキイキと働き「気づけば狙い通りにボールが飛んでいった」という状況を作り出せるのです。

ココがPoint

左骨盤をしっかりと後方へ引っ張る。骨盤の高さが変わらないように意識しよう

動画をCHECK

気をつけるのは3つだけ！あとはシャフトを信じよう

ココが Point

体幹に力を入れて、カラダが前のめりになったり左方向に倒れないように軸をキープ

ココが Point

右ヒザの位置はインパクトのギリギリまで動かさない！シャフトのしなり戻りを利用できる

インパクト〜フォロー 1

ヘッドがイキイキと走ろうとしているのを止めないように

NG ボール を凝視しても良いショットは生まれない

一般的に言われる「頭を動かさない」は「ボールに集中する」という意味ではない。ボールに集中し過ぎるとカラダの回転が止まってしまうので注意したい

右ヒザの位置をズラさずに骨盤からしっかりカラダを回転させよう。あとはクラブが勝手にボールをとらえてくれる

動画をCHECK

インパクトはフィニッシュまでの通過点だと考える

シャフトが本来備えている能力を最大限に活かしてあげるためには、上半身で余計な操作をせずに下半身を使って思い切り振り抜くことが一番です。初心者であれば「空振りほど怖いものはない」と考えて、当てる意識がスイングにも強くあらわれてしまうものです。インパクトはあくまでバランスの良いフィニッシュを目指す上での通過点だと考え方を変えてみましょう。下半身の土台がブレないように心がけながら、左の骨盤をしっかりと引いてカラダを回転させる。あとはシャフトを信じて気持ちよく振り抜けばＯＫです。

当てたい気持ちが空振りの原因になっているかも!?

腕や上半身に力を入れてもインパクトの精度が上がることはない。大切なのはシャフトの能力を発揮させること

インパクト〜フォロー 2

左サイドを後ろに動かせば自然なフォローになる

思い切りクラブを後方へ動かすだけでOK

インパクトと同様にフォローにおいても余計な操作は必要ない。左肩と左骨盤を動かすだけで自ずとスイングの形はキマる

左骨盤と左肩を後方へぐっと動かす

インパクトがフィニッシュまでの通過点であるように、フォローもまた理想的なフィニッシュまでの途上です。ここまでバランス良く振り抜くことができていれば、何か手先でクラブを操作したり、腕を伸ばしたり引いたりといった動作は必要ありません。インパクトが終わったら、左の肩と左の骨盤を後方へぐっと動かしてあげましょう。思い切りクラブのヘッドを後ろへ動かすだけで自然なフォローの形を作ることができます。これはコース中のどんな状況であってもどのクラブを使う場合であっても共通の約束事です。

OK カラダの回転に任せて無駄な動きをしていない

インパクトが終わったら右肩の位置は変えずに、左肩と左骨盤を後方へ動かすことで、自然とフィニッシュへつなげられる

NG フェースをターンさせる必要はない

バランスがうまく取れていれば両腕は勝手に伸びてヘッドは走る。フェースターンを意識しすぎてしまうとミスの原因に

フィニッシュ

左足のカカトに体重を乗せバランスを整えればＯＫ

左足にすべてを預けて理想的なフィニッシュの完成！

ダイナミックなスイングの動きのすべてを受け止めてくれるのが「左足のカカト」。左足に体重を乗せて、左足軸を心がけよう

動画をCHECK

左足のカカトだけに体重を乗せるイメージで

フィニッシュはスイングの着地点です。着地が乱れればここまで積み重ねてきたものもすべて台無しになってしまいます。左足のカカトに体重を乗せてしっかりバランスを取れるようにしましょう。左足の側面やつま先ではなく、カカトに乗せることがポイントです。これによって大きな軸回転が完成します。はじめはフラついてしまう人も多いと思いますが、フィニッシュの形が正しく作れているということは、スイングが正しいものであったことの証明でもあります。一度自分のフィニッシュ姿勢をチェックしてみましょう。

OK 左足カカトに体重が乗っている

左足がめくれてチラリと靴の裏が見えている。これが左足のカカトに体重が乗っている証拠。バランスも取れている

NG 右足に体重が乗ってバランスが崩れている

右足に体重が乗りバランスが崩れている状態。カラダも十分に回転しきれていないためボールの弾道や飛距離も安定しない

COLUMN

藤井プロのスイング進化論

#03

やりたいことを叶えるために進化させる

いまの目標は、コース上で自分がやりたいと思ったことをひとつでも多くできるようになってスコアに結びつけること。それに、まわってみたいコースもまだまだたくさんあるし、一緒にまわりたいと思わせてくれる友達もいる。できるだけそういう場面を増やすことができたら幸せだと思う。そのためには、スイングを自分の理想に近づけるために日々進化させなければならないと考えている。ゴルフはカラダの動き方で変わる。昔は軽々とできていたことが、可動域が狭くなり柔軟性が落ちたことで難しくなったり、ラウンド中に昔は感じていなかった疲労感に襲われたり……。だからこそ、体幹や肩甲骨の動きをより大切にするし、疲れを軽減させるスイングを模索している。クラブだって無視できない。スイングコーチ以外のアドバイザーの存在も大事。そうしていろいろなことを研究し試すこともゴルフの楽しみだと感じている。

PART 4

飛距離アップのための練習ドリル

Drill 1

手打ちから脱却できる!

動画をCHECK

シンクロドリル

3
4
クラブ同士の間隔はキープできているかな?

クラブがぶつからないようにダウンスイング。クラブ同士の間隔が開きすぎたり、離れすぎないように注意する

左右の握りが50:50の力加減であることを意識しながらフィニッシュの姿勢まで振り抜く

両手の力加減とバランス力を高める

左右それぞれの手に短いクラブを持ち、10cmぐらい間隔をあけて構え、素振りを行ないます。左右それぞれ同じ力加減でグリップができ、さらに同じ感覚でバランス良くスイングできなければクラブ同士がぶつかってしまいます。

Point

短いクラブでできるようになったらPWやアイアンなど長いクラブを使って挑戦してみよう

1
2
PING
焦らず丁寧に!
バランスが崩れていないか確認

特製ショートクラブを両手でそれぞれ握りアドレスをとる。左右のクラブは10cm程度間隔をあける

クラブ同士の間隔をキープしたままゆっくりとテイクバック。クラブの高さがそろっているか確認する

Drill 2

スイングに必要な筋力を高める

動画をCHECK

寸止めドリル

いつも通りにアドレスをとり腰の高さまでクラブを
振り上げる。腕の力に頼らず骨盤を回転させる

インパクトの直前でクラブを〝止める〟

クラブを「止めたいところで止められる（寸止めできる）」ということは、しっかりとクラブコントロールができていると言えます。そこで、インパクトの直前でクラブの動きを寸止めできるか挑戦してみましょう。腕や手先だけでクラブの動きを止めることは不可能です。下半身全体の筋肉に力を入れて動きを連動させることで狙った位置にピタリと寸止めできるはずです。

1本で寸止め
腕の力を抜き
お尻の筋肉を
“キュッ”と締める

2本で寸止め

慣れたらクラブを2本使ってチャレンジ。下半身の筋肉の使い方がより重要になる

Point

下半身や体幹の筋肉を使えなければピタリと止まらない。筋トレ効果も期待できるドリル

自分の腕の前にグリップを置いておくことを意識しながらスイング。インパクトの直前で寸止めする

Drill 3

ベストな力加減をつかむ

動画をCHECK

グリップドリル

Point

手の中にクラブが引っかかる感覚をつかめればドリルは成功。振り子のように動かそう

クラブが手からすり抜けないように振り子の要領でスイング。
バランスを意識しながら太ももの高さまでフォロー

クラブが落ちないようにバランスを維持

グリップを左手の小指球と人差し指に引っかけ、クラブを落とさないように注意しながら、ゆっくりと大きく左右にスイングしましょう。手先で余計なことをしてしまうとバランスが崩れ、クラブが手からすり抜けて飛んでいってしまいます。ドリルを繰り返せば実際にスイングをするときも、グリップを強く握りすぎることがなくなります。

1
左手の小指球にクラブの根本をしっかりと乗せて人差し指でバランスをとろう
PING
正しくグリップできればクラブは安定する!

左手の小指球と人差し指でクラブのバランスをとりながらゆっくりと腰の高さまでテイクバックする

Drill 4

力みが抜けないなら

トントンドリル

動画をCHECK

3
4
PING
PING
自然体でスイングする感覚をカラダに染み込ませる

2回地面を叩いたら、そのままアドレスからスイングモーションへ入る

「ボールを強く打とう」といったことは考えずに、力まず自然体でテイクバックに移行する

動作をプラスして力みを解消する

いざアドレスをとるとカラダが力んでしまいスムーズな動きがとれないという人も多いでしょう。上手に力を抜くためにヘッドで地面を「トントン」と2回叩き、タイミングをとってから動きの流れのなかでスイングを開始してみましょう。

Point

地面を叩く動作を行なうことで「強く打つぞ」という意識がうすれ、力を抜きやすい

グリップを強く握りすぎず、リラックスした状態を心がける。アドレスをとったらヘッドを持ち上げる

力を抜いた状態を維持しながら、ヘッドで地面を軽く「トン・トン」とリズミカルに叩いてタイミングをとる

Drill 5

クラブが動く「順番」を意識

動画をCHECK

ゆらゆらスイング

カラダの芯から
外側へ波をつくる
イメージ
3
4
PING
PING

続けてカラダの左側へ大きく動かす。柔らかく滑らかに淀みなく、グリップとヘッドの動きが同じにならないように

カラダの右側へクラブをゆらりと動かすイメージのままスイングモーションへつなげ、実際にボールを打つ

時間差をつけて
クラブの動きを確認

ダウンスイングでは、グリップが先に動き、後からヘッドがついてくることでシャフトのしなり戻りを活かしたインパクトにつなげられます。この感覚が分かりづらいという人は、わざと「時間差」をつけたスイングにトライしてみましょう。

Point

「グリップの後からヘッドがついてくる」という感覚をカラダで実感することが大切!

カラダよりも左側にクラブを大きくゆらりと移動させる。上腕に力を入れず、ヘッドだけでなく腕全体でクラブを動かす

流れを止めずに、続けてカラダの右側へ大きくゆらりと動かす。魚の尾びれが動くイメージを持つと良い

Drill 6

ヘッドの軌道を確認

動画をCHECK

スイング止めドリル

左手一本でクラブを操作する意識を持ちながらダウンスイング。右手は力を緩めてシャフトをスライドさせる

体幹に力を入れて、地面とクラブが平行になるまでクラブを下ろし、ピタリと止める。腰が開きすぎないように

右手を緩めてインパクトの形に

ダウンスイングで右手に力が入ると理想的な軌道にヘッドを乗せられません。そこで、トップの位置から右手を徐々に緩め、シャフトをスライドさせながら左手だけでダウンスイングをしてみましょう。左手の正しい使い方を学ぶことができます。

Point

左手と骨盤でクラブを引っ張るイメージ。理想的なインパクトの形が作れる

1
2
PING
PING
ダウンスイングがはじまる瞬間から右手を緩める

1 骨盤を前傾させて足の裏（指）で大地をつかみ、どっしりと構えて通常通りのアドレスをとる

2 左の骨盤を後方へ引きつけてテイクバック。トップポジションの形を作り、右手をやや緩める

Drill 7

クラブを頭上でグルグル

動画をCHECK

フィニッシュ回転ドリル

カラダの上にヘッドで大きな弧を描くイメージで、頭の上でクラブをグルグルと回転させる

余計な力みがなく適度にリラックスできていれば、クラブの勢いに任せてスムーズに回転させられる

バランスが崩れるとクラブを回せない

フィニッシュ後にクラブを空に向けて立てて、ヘッドでグルグルと大きな円を描いてみましょう。スイング中に力みがあったり、手打ちになっているときはバランスの良いフィニッシュ姿勢がとれないため、ヘッドを頭上で回転させることもできません。

Point

実際にやってみると想像以上に楽しいドリル。グリップの力も自然に抜けるはずだ

関節が緩んでいなければクラブを持ち上げられない
1
2

左の骨盤を引きつけながらカラダを回転させ、クラブを左後方へ動かしてスムーズにフォローからフィニッシュへ

フィニッシュの姿勢をとったら、ヘッドがカラダの真上にくるようにすぐさまクラブを空に向けて立てる

Drill 8

下半身リードを心がける

動画をCHECK

5球連続打ち

このドリル中は
グリップが緩んだり
フェースが開いても
OK!
3
4
5球終了!

ヘッドが元の位置へ戻ろうとする前に右足をわずかに前へ出し、次の球を打つ準備をはじめる

下半身から動かすことを最優先に考え、一定のリズムで打つ。上半身が邪魔をしないように心がける

「足」でスイングを作るイメージで

カラダの正面にボールを並べてテンポ良く連続で打つことで、下半身リードのスイングを身につけられます。すべてのスイングで上半身よりも下半身を先に動かすことを意識しながら行ないましょう。手先を使わず骨盤を動かすことがポイントです。

Point

右足から左足へ交互に体重を移動させながら前に進む。足から先に動かそう

1
2
ただ
ガムシャラに
打ってもダメ!
1 2 3 4 5

カラダの前に等間隔(およそ10cm程度)で5つボールを並べたら、手前のボールから打ちはじめる

トップにヘッドが到達すると同時に左足を次のボールが正確に打てるポジションへ移動させる

Drill 9

自宅でもフォームを確認

動画をCHECK

ピンポン球ドリル

ピンポン球をセットしていつも通りのアドレスをとる。右の骨盤をしっかり引きつけてテイクバック

胸、グリップ、ヘッドの3ヶ所がバラバラにならないように注意しながら、緩やかな入射角でインパクト

ピンポン球を使って悪癖を改善しよう

ゴルフボールの代わりにピンポン球を使ってスイングを確認してみましょう。たとえピンポン球であってもしっかりとインパクトできれば素直にまっすぐ飛んでいきます。ダフリやトップといったミスショットの原因を探すことも可能です。

Point

短いクラブを使用すれば、アプローチショットの距離感を身につける練習にもなる

3
ピンポン球が
狙い通り飛ばせて
いるかチェック

カラダの軸が前方向へブレていないか、骨盤がしっかりと使えているかを確認しながらフォロー

Drill 10

ヘッドの軌道を見直す

動画をCHECK

壁スレスレスイング

3
4
骨盤や下半身が
使えていれば
壁には当たらない

クラブが正しい軌道を通っていれば、ヘッドが壁に当たることなくスムーズにインパクトできる

インパクト後は緩やかにインサイドへ抜けていくのが理想。左骨盤を引きつけ、カラダを十分に回転させてフォロー

壁スレスレを狙って スイングしてみよう

テイクバックでヘッドは緩やかにインサイドに入り、打った後は緩やかにインサイドへ抜けていくことが理想です。目の前にある壁にヘッドが当たらないようにスイングを行なうことで、ヘッドを正しい軌道に乗せられているかを確認できます。

Point

テイクバックでのズレはボールが曲がる原因に直結。手先でクラブを操作しないように

1
テイクバックで手首の角度が変わらないように
2

カラダの前面にある壁ギリギリの位置にボールをセットし、ヘッドが壁に当たらないようにテイクバック

ダウンスイングはカラダの中心から動かしはじめることを意識。手先が余計なことをすると軌道は定まらない

Drill 11

体幹の使い方を覚える

動画をCHECK

重いボール打ち

3
4
カラダのどの部位に
力が入っているか
確認しよう

足裏で大地をつかみしっかり踏ん張りながら体幹に力を入れてカラダを回転させ、止まった位置からボールを押し出す

左の骨盤をしっかりと後方へ引っ張り、左肩甲骨、左背筋に力を入れてできるだけ遠くまでボールを転がす

手先で押さずに カラダを回転させる

足の裏から骨盤を動かす感覚や、体幹に力を入れてカラダを回転させる感覚をつかむためのドリルです。手先や腕の力に頼っていると重いボールはコントロールできません。体幹、左の肩甲骨、左の背筋を使ってボールを転がしてみましょう。

Point

インパクトで手首を返してもボールは転がらない。カラダを使えばクラブが働く!

1
2
手首を返したり手先でボールを押さない

トレーニング用のやや重さのあるボールをカラダよりもやや左側にセットしてテイクバックする

いつも通りのダウンスイングを行ない、インパクトの形で一度動きをストップ。腕や手首には力を入れずリラックス

Drill 12

スイング軌道をチェック

スタンドバッグドリル

動画をCHECK

両手の握り加減のバランスが偏らないように心がけながらダウンスイングし、焦らずインパクト

スタンドバッグにクラブが当たらないように注意しつつ、バッグの角度に沿って緩やかにインサイドへフォロー

ヘッドの軌道を意識しやすくなる

スタンドバッグを自分の左サイドにセットし、インパクトからフォローにかけてヘッドがバッグに当たらないように注意しながらスイングしてみましょう。バッグの角度が理想的な軌道のガイドラインとなるので、慣れてくると気持ちよく振り抜くことができます。

Point

バッグにヘッドが当たってしまうという人は手打ちになっていないか確認してみよう

1 カラダの左サイドにスタンドバッグをセット。バッグよりも前にボールを置いてアドレスをとる

2 骨盤の回転、手首の角度、右足の位置などに気をつけて、いつものスイングよりもゆっくりテイクバック

Drill 13

カラダの使い方を見直す

縄跳びスイング

動画をCHECK

3
4
ビュン!
ココで音が
鳴っている
確認してみよう

カラダの軸がブレないように心がけてインパクト。縄がバラバラになってしまう人は両手の力加減を見直す

インパクトの終わりで「ビュン!」と風を切る音が鳴ればOK。柔らかい縄が操作できればクラブもうまく使えている証拠だ

インパクト後に音が鳴るかチェック

縄跳びの握り部分をゴルフのグリップに変えたものを使用します。インパクトの終わりで「ビュン」と風を切る音が鳴れば理想的なスイングができている証。左右のグリップのバランスや骨盤の使い方を見直しながらチャレンジしてみましょう。

Point

スイングが乱れると縄跳びの縄が乱れて音が鳴らない。ウォーミングアップにもおすすめ

1 ドライバーよりもやや長めの縄跳び（握り部分をゴルフグリップに変えたもの）を両手で握りテイクバック

2 手首を返したりワキが開いたりしないように注意しながら、クラブを持っているときと同じようにダウンスイング

◎著者

藤井 誠　Makoto Fujii

PGAティーチングプロ

A級日本体育協会スポーツ指導者

フロリダ州オーランドゴルフ親善大使

1958年生まれ

キッズから一般アマチュアまで、ユニークなレッスンで人気のティーチングプロ。日夜ゴルフの楽しさを啓蒙活動中。2009年日本プロゴルフ協会主催ティーチングプロアワード優秀賞受賞。タマキッズゴルフ主宰。ゴルフピクス考案者。元米軍多摩ヒルズゴルフコースヘッドプロ。Crime of Angelエグゼクティブアドバイザー。

株式会社ミライユプロダクツ

https://mirai-you.com

ホームページにて、最新ニュースや藤井誠のゴルフコラム、人気レッスン動画チャンネルなどを展開。

YouTube

藤井誠ゴルフチャンネル

◎撮影協力

Hoakalei Country Club
ホアカレイ・カントリークラブ
91-1620 Keoneula Blvd, Ewa Beach, HI 96706
TEL：808-853-4343
https://www.hoakaleicountryclub.com/ja

Kapolei GOLF CLUB
カポレイ・ゴルフクラブ
91-701 Farrington Highway Kapolei, Hawaii 96707
+1.808.674.2227
http://www.kapoleigolf.com/jp/

メイプルポイントゴルフクラブ
〒409-0114
山梨県上野原市鶴島3600番地
TEL:0554-63-5111（代表）
FAX:0554-63-3300
予約専用番号:0554-63-6311
https://www.maplepoint.jp

棚倉田舎倶楽部
〒963-6122
福島県東白川郡棚倉町仁公儀字川原田286
TEL 0247-33-3191
http://www.tanagura-cc.co.jp/

STAFF

企画・制作　株式会社多聞堂
編集　城所大輔
取材・構成　岩元綾乃
写真　FRANK SAKAKIBARA
高木昭彦
デザイン　シモサコグラフィック
校正　山口芳正
取材協力　TORU IBANO
ハワイ・バーチャル・ゴルフ・アカデミー
Crime of Angel
USTMamiya

驚異の飛距離が手に入る！
GOLF ボディスイング

2020年10月1日　初版第1刷発行

著　　者　藤井 誠
発 行 者　廣瀬和二
発 行 所　辰巳出版株式会社
〒160-0022 東京都新宿区新宿2丁目15番14号　辰巳ビル
TEL 03-5360-8960（編集部）
03-5360-8064（販売部）
FAX 03-5360-8951（販売部）
URL http://www.TG-NET.co.jp
印刷・製本　図書印刷株式会社

ISBN 978-4-7778-2671-1　C0075